Jörg Müller

Don Camillo spricht mit Jesus

Jörg Müller

DON CAMILLO SPRICHT MIT JESUS

Zeichnungen
von Florian Huber

Steinkopf

Jörg Müller im Internet:

http://www.pallottiner-freising.de

Die Deutsche Bibliothek – CIP-Einheitsaufnahme

Müller, Jörg:
Don Camillo spricht mit Jesus / Jörg Müller.
Zeichn. von Florian Huber. –
Stuttgart; Kiel: Steinkopf, 4. Auflage 2001

ISBN 3-7984-0738-X

4. überarbeitete Auflage 2001

Einbandgestaltung: Florian Huber, Freising
Druck: Freiburger Graphische Betriebe

DON CAMILLO ist die beste Erfindung des 20. Jahrhunderts. Der Italiener Giovanni Guareschi wurde mit ihr weltberühmt. Alle lieben diese Gestalt, da sie so natürlich und ehrlich mit Jesus umgeht. Weil der Heilige Geist mir bei der Erstellung der Dialoge geholfen hat, widme ich dieses Buch meinem Holy Ghostwriter.

Ganz herzlichen Dank auch dem jungen Grafiker Florian Huber, der in so genialer Weise das Wesen Don Camillos getroffen hat.

Lesen Sie das Buch nicht in einem Stück, sondern sehr dosiert, sonst bekommen Sie Verdauungsstörungen.

Möge das Buch einen befreienden Zugang zum christlichen Glauben und zum menschgewordenen Gott vermitteln.

P. Jörg Müller SAC

INHALT

Don Camillo will wissen, warum Gott das Leid zulässt

CAMILLO: Herr, jetzt liege ich schon seit zwei Wochen krank im Bett, und die Arbeit türmt sich. Kannst du mich nicht gesund machen?

JESUS: *SCHWEIGT.*

CAMILLO: Was ist, Herr? Ich muß zusehen, wie die Gemeinde ohne mich auskommt, und für dich wäre es ein leichtes, mich zu heilen.

JESUS: Du sagst es, Camillo. Die Gemeinde kommt ohne dich aus. Warum nimmst du dich so wichtig?

CAMILLO: Wichtig? Aber Herr, die Gemeinde braucht mich, wie Schafe ihren Hirten brauchen.

JESUS: Camillo, ich brauche dich auch.

CAMILLO: Na siehst du. Dann ändere bitte meine Lage, und ich werde für dich Bäume ausreißen.

JESUS: Du mußt gar nichts Großartiges tun, Camillo, sondern du sollst nur das Kleine artig tun. Ich brauche deine Hingabe.

CAMILLO: Die wirst du bekommen, sobald ich wieder auf den Beinen bin.

JESUS: Du verstehst mich falsch, Don Camillo. Wenn du Ja sagen kannst zu deiner Krankheit, kannst du mir mehr dienen als in deinem unermüdlichen Schaffen.

CAMILLO: Das, Herr, ist etwas, was ich nie begreifen werde.

JESUS: Ich will nicht, daß du mich begreifst, Camillo. Ich will, daß du mich liebst.

CAMILLO: Du machst es einem nicht leicht, dich zu lieben, Herr.

JESUS: Ich weiß, Camillo. Wen ich liebe, dem mute ich viel zu.

CAMILLO: Wenn das so ist, Herr, dann liebe mich ein bißchen weniger.

JESUS: Camillo!

CAMILLO: Entschuldige, Herr. Ich bin ein wenig aufgeregt.

Jesus: Aber bitte, Don Camillo.

Camillo: *schweigt ein Weile und spielt nervös mit seinen Fingern.*

Jesus: Nun Camillo, hat es dir die Sprache verschlagen?

Camillo: Aber nein, Herr; ich meine: ja ..., ich ähm ... Was soll ich den Leuten sagen, wenn sie mich nach dem Sinn ihres Leids fragen?

Jesus: Sage ihnen, daß sie mir vertrauen sollen!

Camillo: Du hast gut reden, Herr. Daran fehlt es ihnen ja gerade.

Jesus: Ich weiß, Camillo. Sage ihnen, daß ihr Leid nicht umsonst ist und daß ich sie hundertfach für ihre Hingabe belohnen werde.

Camillo: Sie werden mich fragen, warum du ihre Gebete um Heilung nicht erhörst. So viele verzweifeln am Elend, da kann ich doch nicht hingehen und sagen, wie sehr du sie liebst und belohnen wirst.

Jesus: Camillo, ich leide mit ihnen. Verstehst du denn nicht, daß ich eure Mitarbeit und Solidarität brauche? Liebe und Leid sind eins.

Camillo: Nein, Herr, das verstehe ich nicht. Aber ich liebe dich trotzdem.

Jesus: Danke, Camillo. Das freut mich.

Camillo: Herr?

Jesus: Ja, Don Camillo.

Camillo: Wenn ich zum Leid Ja sage, machst du mich dann gesund?

Jesus: Jetzt beginnst du zu verstehen. Schau, Camillo, nicht ich bin es, der das Leid und das ganze Unheil in die Welt bringt, sondern Satan. Seine größte Niederlage ist es, wenn die Menschen im Leid Ja sagen und sich mir anvertrauen. Dann kann ich alles zum Besten wenden.

Camillo: Aber du könntest doch dieses ganze Teufelspack zur Hölle schicken!

JESUS: Das wird auch bald geschehen. Nur noch eine kleine Weile, und sein Einfluß ist zu Ende. Bis dahin brauche ich eure Mitarbeit. Und vor allem dein Vertrauen, Camillo.

CAMILLO: Hast du, Herr, hast du. Wir werden das gemeinsam schaffen, nicht wahr?

JESUS: Natürlich, Don Camillo.

Camillo sieht nicht ein, dass Versöhnung notwendig ist

CAMILLO: Herr, kannst du nicht meinen lästigen Husten heilen?

JESUS: Ja, das kann ich, Camillo. Das weißt du doch.

CAMILLO: Danke, Herr.

JESUS: Ich habe nicht gesagt, daß ich es tue.

CAMILLO: Aber Herr, ich leide dabei so sehr. Und er ist ansteckend. Du willst doch nicht, daß ich die anderen anstecke?!

JESUS: Warum auf einmal so rücksichtsvoll, Camillo?

CAMILLO: Ach Herr, es überkommt mich so. Und ehrlich gesagt, der Husten ist eigentlich nicht das Schlimmste, sondern dieser Herr Montari. Er droht mir, meine Hühner zu erschießen.

JESUS: Ist es das, was dich so husten läßt, Don Camillo?

CAMILLO: Herr, er will meinem geliebten Federvieh an den Kragen. Er ist nur eifersüchtig, weil seine jämmerlichen Vögel nicht so fröhlich gackern wie meine und ihm dauernd weglaufen.

JESUS: Und du bist rachsüchtig, Camillo.

CAMILLO: Ich? - Nun ja, Herr, so ein klein bißchen Rache kann doch nichts schaden. Er legt meine ganze Pfarrarbeit lahm mit seiner Drohung.

JESUS: Armer Camillo. So eine kleine Drohung legt dich schon lahm. Hast du gar kein Vertrauen zu mir? Ich schlage dir vor, Herrn Montari eines deiner fröhlichen Hühner zu schenken.

CAMILLO: Das ist doch nicht dein Ernst, Herr? Er würde nur triumphieren.

JESUS: Weißt du das so genau?

CAMILLO: Nein, Herr. Aber es ist unschwer zu erraten.

JESUS: Bist nicht du es, der gern über Herrn Montari triumphieren möchte?

CAMILLO: Wäre das so schlimm, Herr? Schließlich kann er

nicht einfach mit mir und meinen Hühnern machen, was er will.

Jesus: Du tust mir leid, Camillo. Liebst du deine Hühner mehr als mich?

Camillo: Nein, Herr, dich liebe ich weitaus mehr.

Jesus: Dann versöhne dich mit ihm und schenk ihm ein Huhn.

Camillo: Er wird mich für verrückt erklären, er wird mir auf der Nase herumtanzen. Jetzt verstehe ich auch, warum du so wenig Freunde hast.

Jesus: Tatsächlich? Ich dachte, du liebst mich.

Camillo: Gewiß, Herr, aber er hat mich zutiefst verletzt. Und außerdem hat er mich verleumdet.

Jesus: Beurteile die Fehler deiner Mitmenschen nicht nach dem Grad der Entrüstung, den sie bei dir hervorrufen, sondern nach dem Schmerz, den sie mir antun.

Camillo: Verzeih, Herr. Ich vergaß das.

Jesus: Schon gut, Camillo. Und was willst du nun tun?

Camillo: Ich werde ihm ein Huhn schenken, Herr. Aber nur dir zuliebe!

Jesus: Bravo, Camillo. Damit machst du mir eine große Freude.

Camillo: Wirst du mich dann von diesem lästigen Husten befreien?

Jesus: Ja, Camillo, das werde ich.

Camillo: Danke, Herr. Ich verstehe gar nicht, daß du so wenig Freunde hast.

Jesus: Und wann, Camillo, wirst du nun hingehen und ihm vergeben?

Camillo: Gleich bei der nächsten Gelegenheit.

Jesus: Also heute mittag.

Camillo: Ich dachte so an nächsten Freitag, Herr.

Jesus: Das ist die übernächste Gelegenheit, Camillo.

CAMILLO: Nun gut, Herr, du hast gewonnen. Ich tue es jetzt gleich.

JESUS: Danke, Camillo. Herr Montari wird sich darüber sehr freuen.

CAMILLO: ... und sich ins Fäustchen lachen. Oder?

JESUS: Dein Bruder ist vielleicht grobschlächtig, du aber bist zerbrechlich, Camillo.

CAMILLO: Du hast recht, Herr. Verzeihen ist nicht leicht, aber es fördert die Demut.

JESUS: Volltreffer, Don Camillo! Nun geh und sei dir meines Dankes gewiß.

Camillo klagt über Stress

CAMILLO: Herr, ich bin müde; es ist einfach zuviel. Kannst du mir nicht ein wenig Ruhepausen verschaffen?

JESUS: Es liegt nur an dir, Camillo, ob du Pausen machen willst oder nicht.

CAMILLO: Du hast gut reden, Herr. Dauernd kommen irgendwelche Leute zu mir ins Pfarrhaus; das Telefon läutet unentwegt und ...

JESUS: Und?

CAMILLO: Ja, und dann die vielen Termine: Sitzungen hier, Gremien dort, Konferenzen hier, Besprechungen dort. Das ist ein schweres Kreuz, das du mir da gegeben hast.

JESUS: So schwer ist dein Kreuz nicht, Camillo. Ich habe dir zum Beispiel nicht den Auftrag gegeben, deine Zeit in unzähligen Sitzungen zu vertun. Den Bau der Weinbergskapelle kannst du ebensogut in die Obhut von Herrn Mello geben; und die Gründung eines Kaninchenzuchtvereins ist nun wirklich nicht deine Aufgabe.

CAMILLO: Aber Herr, das darfst du alles nicht so eng sehen. Diese Dinge kommen schließlich auch der Gemeinde zugute. Du weißt doch, wie wichtig es heute ist, daß sich der Pfarrer nach allen Seiten hin öffnet.

JESUS: Hast du nicht gestern noch gesagt: Wer nach allen Seiten hin offen ist, sei nicht ganz dicht?

CAMILLO: Herr, ich bewundere dein Gedächtnis. Ich gebe zu, du hast mal wieder recht.

JESUS: Camillo, ruh dich ein bißchen bei mir aus. Du bist überarbeitet.

CAMILLO: Ich habe soviel zu tun, daß ich kaum noch zum Beten komme.

JESUS: Das ist es ja gerade, Camillo. Weil du soviel zu tun hast, solltest du zuerst einmal zu mir kommen und dich von mir beraten lassen. Wann immer ich dich rufe, bist du nicht da.

CAMILLO: Herr, wenn es stimmt, daß du überall bist, wie kommt es dann, daß ich immer woanders bin?

JESUS: Du hast dich von den weltlichen Dingen einnehmen lassen, Don Camillo. Du suchst den Applaus der Welt. Ist es nicht genug, die Frohe Botschaft zu verkünden, die Kranken zu besuchen und dich der Notleidenden und Verirrten anzunehmen?

CAMILLO: Du hast recht, Herr. Und was ist mit den leeren Kirchen? Wie soll ich die wieder vollbekommen, wenn ich mich nicht unter die Leute begebe?

JESUS: Camillo, du mußt nicht aus eigener Kraft die Welt bekehren. Ich sprach stets von der kleinen Herde, der mein Vater das Reich übergeben wird. Hast du vergessen, daß eine Handvoll Beter eine ganze Stadt retten kann?

CAMILLO: Das genügt dir, Herr? Mir wäre das zu wenig.

JESUS: Verwechsle meinen Willen nicht mit dem deinen, Camillo.

CAMILLO: Du hast recht, Herr. Ich schaue noch zu sehr auf mich.

JESUS: Kann es nicht sein, daß du dich den weltlichen Beschäftigungen mehr hingibst, weil sie dir mehr Erfolge vorgaukeln?

CAMILLO: Das wäre gewiß anders, wenn du mir mehr Erfolge in den geistlichen Belangen verschaffen würdest

JESUS: Muß ich dich wieder einmal an das Geheimnis vom Senfkorn erinnern?

CAMILLO: Entschuldige, Herr. Ich bin zu ungeduldig.

JESUS: Ja, das bist du, Camillo. Du sollst aber wissen, daß ich es bin, der durch dich wirken möchte.

CAMILLO: Ich weiß, Herr. Das macht mich immer so nervös, wenn ich daran denke.

JESUS: Und ich hoffte, es würde dich ermutigen.

CAMILLO: Es ist beides, Herr. Manchmal denke ich, daß ich kein guter Pfarrer bin.

JESUS: Don Camillo, vertrau mir und laß mich wirken! Dann erst wirke du, wenn es noch etwas zu bewirken gibt. Ich mache das schon.

CAMILLO: Wirklich, Herr? Das tröstet mich. Ich danke dir.

Camillo: Herr, die Jahresbilanz schaut nicht gut aus. Es wird von Jahr zu Jahr trauriger.

Jesus: Ich weiß, Don Camillo. Auch ich leide darunter.

Camillo: Zwar gehen alle Kirchenbesucher zur heiligen Kommunion, aber sie gehen nicht zur Beichte. Sind sie Heilige geworden?

Jesus: Camillo, jetzt wirst du ironisch. Du bist noch nicht am Ziel. Zwinge die anderen nicht, es zu sein.

Camillo: Aber Herr, sie betrügen einander, fluchen, gehen fremd und ...

Jesus: ... und haben Sehnsucht nach mir, Camillo. Bete für sie, und wenn du mir einen besonderen Gefallen tun willst, dann faste einmal die Woche für sie. Das übrige mache ich.

Camillo: Wenn das so einfach wäre!

Jesus: Nein, einfach ist es nicht.

Camillo: Herr, ich verstehe dich manchmal nicht.

Jesus: Warte mit deinem Gehorsam nicht, bis du mich verstehst. Es könnte zu lange dauern, Camillo.

Camillo: Du hast recht, Herr. - Weißt du, daß in diesem Jahr wieder fünf Personen aus der Kirche ausgetreten sind?

Jesus: Ich weiß, Camillo. Doch Zahlen können trügerisch sein.

Camillo: Sicher, Herr. Es sind bestimmt noch mehr, die von dir und deiner Kirche nichts wissen wollen.

Jesus: Auch sie sind unsere Brüder und Schwestern. Manche sind mir sehr zugetan.

Camillo: Wer dir zugetan ist, Herr, der liebt auch deine Kirche.

Jesus: Das ist richtig, Camillo. Doch manche Menschen brauchen Zeit, bis die Liebe ihr Herz erreicht hat. Einige sind lau und bequem geworden; andere haben tiefe Verletzungen erlitten und sich zurückgezogen. Bete für sie, Camillo.

CAMILLO: Herr, du weißt, wie sehr ich für diese Schäfchen bete. Aber manchmal überfällt mich der Zorn, wenn ich sehe, wie sie über uns schimpfen.

JESUS: Aber hau nicht drauf, als wären sie gepanzert.

CAMILLO: Es ärgert mich bisweilen, Herr, daß es diesen Lästerern so gut geht. Du könntest sie ja einmal ein bißchen zurechtstutzen.

JESUS: Aber Camillo. Bist du neidisch, weil ich gut bin?

CAMILLO: Entschuldige, Herr. Ich bin's.

JESUS: Ich liebe dich ebenso wie diejenigen, die im Irrtum leben.

CAMILLO: Wirklich, Herr? Du liebst mich? Mit all meinen Fehlern?

JESUS: Mit deinen Fehlern.

CAMILLO: Herr, ich liebe dich auch, mit deinen ... Verzeih.

JESUS: Schon gut, Camillo. Sage den Leuten, wie gut sie sind, und sie werden aufhören, schlecht zu sein. Tu es nur lange genug.

CAMILLO: Ich will es versuchen, Herr.

JESUS: Camillo, du leidest darunter, daß du keine Erfolge siehst. Ich hatte damals auch kaum Erfolg.

CAMILLO: Siehst du, Herr, die Menschen wollen nicht die Wahrheit, sie wollen Beruhigung. Mich lehnen viele auch ab.

JESUS: Tröste dich, Camillo. Warum sollte es dir besser gehen als mir? Wenn Millionen Menschen dir folgen, mußt du dich fragen, was du falsch gemacht hast. Erfolg ist kein Name Gottes.

CAMILLO: Es ist aber sehr frustrierend, keine Fische im Netz zu haben.

JESUS: Ja, das ist es. Doch habe ich nicht gesagt, du sollst

Fische fangen, sondern das Netz auswerfen. Deine Verantwortung liegt nicht im Erfolg; sie liegt im Tun. Ich wünsche dein Vertrauen und deinen Lobpreis auch im scheinbaren Mißerfolg.

Camillo: Das hätte ich fast vergessen, Herr. Ich fange gleich damit an.

Jesus: Danke, Camillo. Und vergiß nicht dein Gebet für meine verirrten Schafe.

CAMILLO: Herr, ich muß etwas beichten. Ich habe Schuld auf mich geladen. Ich habe in einem Anfall von Zorn dem jungen Cinetti weh getan. Ich bitte um Vergebung.

JESUS: Hast du vergessen, daß deine Hände gesalbt sind?

CAMILLO: Nein, Herr, deshalb habe ich ihm ja auch einen Fußtritt gegeben.

JESUS: Camillo, du hast dich mal wieder nicht beherrschen können.

CAMILLO: Herr, dieser Cinetti ist so rechthaberisch und gibt an wie ein geölter Pfau.

JESUS: Und dein Recht, Camillo. Hast du es nicht mit dem Fuß durchsetzen wollen?

CAMILLO: Gewiß, Herr. So ist es. Versteh mich doch, dieser Lümmel muß endlich erfahren, daß es so nicht geht.

JESUS: Camillo. Du bittest mich um Vergebung, und dann fängst du an, deine Tat zu rechtfertigen.

CAMILLO: Er hat mich vor allen Leuten gedemütigt und schlecht gemacht.

JESUS: Versetze dich in die Lage der anderen, nicht die anderen mit Gewalt in die deine.

CAMILLO: Er macht mich wütend und zieht die Lacher stets auf seine Seite.

JESUS: Wenn du dein Gesicht verlierst, Camillo, mach weiter. Verlierst du aber den Kopf, hör auf! Und vergiß nicht, daß das Zusammenleben mit dir manchmal genügen kann, sich den Himmel zu verdienen.

CAMILLO: Herr, ich gebe zu, daß ich hin und wieder ausraste, wenn man mich nicht respektiert.

JESUS: Gib den Menschen deine Liebe, Camillo. Warte nicht, bis die anderen damit anfangen.

CAMILLO: Ich bemühe mich immer wieder darum, Herr. Aber darf ich dich daran erinnern, daß auch du einmal mit dem Strick reingefahren bist und die Händler rausgeworfen hast?

JESUS: Du darfst, Camillo. Es ist wichtig, die Ehre Gottes zu verteidigen, nicht die eigene.

CAMILLO: Zugegeben, das verwechsle ich bisweilen.

JESUS: Schön, daß du das einsiehst, Camillo. Und wenn du mir einen Gefallen tun willst, dann übe dich in der Tugend der Selbstbeherrschung.

CAMILLO: Herr, ist die Sünde, die mich weckt, nicht besser als die Tugend, an der ich einschlafe?

JESUS: Gewiß, Camillo. Doch befürchte ich kaum, daß du einschlafen wirst.

CAMILLO: Dasselbe befürchte ich auch, Herr.

ER WENDET SICH ZUR SEITE, UM WEGZUGEHEN, ZÖGERT ETWAS UND WENDET SICH ERNEUT DEM KREUZ ZU:

Was sage ich jetzt dem Cinetti?

JESUS: Entschuldige dich einfach! Öfter als du denkst, tun dir Menschen das an, wozu du sie herausgefordert hast.

CAMILLO: Ich werde mich mehr in der Demut üben, Herr.

JESUS: Bravo, Camillo. Du hast dein wirkliches Problem gut erkannt.

CAMILLO: Hilfst du mir dabei?

JESUS: Sicher, Camillo. Wenn du klein werden willst, verachte nicht die Größe der anderen!

CAMILLO: Danke für den Tip, Herr.

JESUS: Nichts für ungut, Don Camillo.

CAMILLO: *EILT DURCH DEN MITTELGANG DER KIRCHE IN RICHTUNG KREUZ.* Herr, ich muß mit dir reden.

JESUS: Ja, Don Camillo.

CAMILLO: *macht eine ziemlich schräge Kniebeuge und legt los.* Es ist zum Auswachsen, Herr. Nichts, aber auch gar nichts kommt zustande, wenn ich nicht alles selber mache. Antonio ist ein Dummkopf, der alles zu spät begreift; Frau Scarlatti verwechselt dauernd die Couverts, und Mario, der alte Mehlsack, verliert dauernd sein Gebiß.

JESUS: Du bist ungeduldig, Camillo.

CAMILLO: Ungeduldig? Aber Herr! Würdest du vielleicht solche Mitarbeiter zu Aposteln machen?

JESUS: Meine Jünger waren auch nicht vollkommen; schleif deine Kanten, Camillo, und du stößt dich weniger.

CAMILLO: Du hast gut reden, Herr. Solche Mitarbeiter stehlen mir die Zeit; das kostet mich Jahre meines Lebens.

JESUS: Armer Camillo! Bist du sicher, wenn du über die anderen schimpfst, daß du es nicht über dich selber tust?

CAMILLO: Herr, versteh mich doch! Ich kann mit solchen Tranfunzeln nicht arbeiten. Ich erinnere mich, daß du auch einmal deine Apostel gefragt hast, ob sie denn gar nichts begreifen.

JESUS: Camillo, es ist ein Unterschied, ob es sich um das Problem einer mangelhaften Kooperation handelt oder um ein Geheimnis des Glaubens.

CAMILLO: Entschuldigung, Herr. Ich hätte es wissen sollen.

JESUS: Schon gut, Camillo. Denk daran: Jede Grenze ist eine Staustufe, an der du höher steigen kannst.

CAMILLO: Du willst damit sagen, daß meine Mitarbeiter die Pflastersteine auf dem Weg zur Heiligkeit sind?

JESUS: Erraten, Camillo.

CAMILLO: Und daß ich meinen Zorn zügeln soll?

Jesus: Ja, Camillo. Der Zorn des Pfarrers macht seine Kinder nicht gerechter.

Camillo: Aber gehorsamer!

Jesus: Du bist sehr verletzt, Camillo. Wenn sich deine Brüder und Schwestern wie Ochsen benehmen, spiel nicht den Engel; du könntest selbst in die Lage kommen.

Camillo: Verzeih, Herr, du hast recht. Ich brauche mehr Demut.

Jesus: Nun, die kannst du einüben, wenn die anderen dich ärgern und über deine Fehler schimpfen. Hast du einmal darüber nachgedacht, wie sehr deine Mitarbeiter unter deinen Launen leiden?

Camillo: Ehrlich gesagt, nein.

Jesus: Antonio gibt sich die größte Mühe und macht manchen Fehler, weil er Angst vor dir hat; Frau Scarlatti hat zu Hause ein krankes Kind und ist in Gedanken ständig bei ihm; und Mario gäbe was drum, wenn er dein Gebiß hätte.

Camillo: Ist das wahr, Herr? Das ändert natürlich alles. Jetzt verstehe ich. Herr, kannst du mir ein bißchen mehr Geduld geben?

Jesus: Du brauchst dich nur in die anderen einzufühlen, dann kommt die Geduld von selber.

Camillo: Danke, Herr. Ich werde mich bemühen.

Er will sich entfernen, da ruft ihm Jesus noch zu:

Jesus: Camillo!

Camillo: *dreht sich um, bleibt stehen.*

Ja, Herr.

Jesus: Vergiß nicht die Pflastersteine auf dem Weg zur Heiligkeit!

Camillo: Ja natürlich, Herr. Daran hätte ich beinahe nicht gedacht.

Er zieht ab mit einer leicht säuerlichen Miene.

Camillo: Herr, in letzter Zeit fällt mir das Beten schwer. Es fehlt die Begeisterung.

Jesus: Ich bemerke es, Camillo. Früher kamst du öfter zu mir.

Camillo: Was soll ich machen, Herr. Ich fühle nichts mehr dabei.

Jesus: Camillo, das Beten ist keine Angelegenheit des Fühlens. Es liegt nicht an dir, fromme und schöne Gefühle zu machen.

Camillo: Ja, aber die Freude geht mir dabei auch völlig ab.

Jesus: Suche das Gespräch mit mir nicht an der Freude zu erkennen, die es dir verschafft; du könntest es sonst verfehlen.

Camillo: Ich bin in letzter Zeit immer so zerstreut beim Gebet; deshalb habe ich es unterlassen.

Jesus: Gibt es etwas Wichtigeres als Gott? Deine Zerstreuungen werden zum Gebet, wenn du auch sie mir anvertraust. Kämpfe nicht gegen sie an, sonst werden sie noch größer.

Camillo: Du meinst, ich solle auch mit meinen Gedanken über die Gedanken zu dir sprechen, alles, was mich beunruhigt und belastet?

Jesus: Richtig, Camillo. Vertraue mir alles an, auch das, was dich an dir und an mir ärgert.

Camillo: Aber Herr, deinetwegen ärgere ich mich doch nicht!

Jesus: Wirklich, Camillo?

Camillo: Na ja, manchmal vielleicht. Aber nur ein ganz klein wenig.

Jesus: Und deine Bitte um größere Spenden für die neuen Glocken? Ärgert es dich nicht, daß ich sie bis heute nicht erhört habe?

Camillo: Doch, das ärgert mich sehr, Herr. Und weshalb,

bitteschön, hast du etwas gegen neue Glocken? Schließlich werden sie zu deiner Ehre läuten.

JESUS: Ich habe nichts gegen neue Glocken, Camillo. Doch zunächst einmal läuten sie wohl zu deiner eigenen Ehre, nicht wahr?

CAMILLO: Und wenn schon, Herr: für uns beide. Ist das so schlecht?

JESUS: Nun Camillo, es nützt nichts, daß deine Gebete erhört werden, wenn es nicht zur rechten Zeit geschieht. Ich habe für jeden Menschen einen Plan, auch für dich.

CAMILLO: Geh ich recht in der Annahme, daß du mir diesen Plan nicht verraten willst?

JESUS: Du bist neugierig, Camillo. Wo bleibt dein Vertrauen in mich?

CAMILLO: Es ist wahr, Herr, ich tue mich schwer, meine eigenen Wünsche loszulassen. Vielleicht bin ich auch nicht begabt genug zum Beten.

JESUS: Jeder ist begabt zum Beten, Camillo. Und ich finde, du bist es besonders.

CAMILLO: Danke, Herr. Du bist sehr charmant.

JESUS: Aber wenn ich schweige und nicht nach deinen Wünschen verfahre, nennst du mich dann auch noch charmant?

CAMILLO: Herr, du mußt verstehen, daß ich das nicht verstehe.

JESUS: Camillo, ich will nicht, daß du mein Handeln verstehst. Du tust mir einen großen Gefallen, wenn du mir blind vertraust. Ich weiß, was für dich gut ist und wann dafür der Zeitpunkt gekommen ist.

CAMILLO: Und weshalb sollen wir dann überhaupt noch beten?

JESUS: Weil betende Menschen mir nahe sind. Ich sehne mich danach, alle Menschen in meiner Nähe zu haben.

CAMILLO: Ich bin überzeugt davon, daß alle zu dir kommen, wenn du nur ihre Bitten erfüllen wirst.

JESUS: Du irrst dich, Camillo. Sattheit macht träge. Ein Beten, das nur auf irdische Wunscherfüllung aus ist, verhindert jedes Wachstum.

CAMILLO: Ich gebe dir recht, Herr. Und um was sollen wir beten?

JESUS: Betet um die Erfüllung meiner Pläne. In ihnen ist alles enthalten.

CAMILLO: Du bist genial, Herr. Ich liebe dich.

JESUS: Wirklich, Camillo?

CAMILLO: Na ja, ich bemühe mich; nicht immer, aber immer öfter.

JESUS: Danke, Camillo. Und nun geh dem Briefträger entgegen; er bringt dir einen Scheck für die neuen Glocken.

CAMILLO: *WIRFT EINEN HANDKUSS DEM KREUZ ENTGEGEN UND RENNT AUS DER KIRCHE.*

Camillo: Herr, ich las eben in der Schrift deine Forderung nach Selbsterniedrigung. »Wer sich klein macht, wird erhöht«, sagst du. Verstehe ich dich richtig, daß einer geehrt wird, wenn er sich bescheiden verhält?

Jesus: Ja, aber die Ehrung erfolgt erst im Himmel.

Camillo: Herr Ponti hat aber vorgestern eine Verdienstmedaille für seinen selbstlosen Einsatz in der Abwasserunterführung bekommen. Habe ich etwa nichts getan?

Jesus: Camillo! Ich habe deine Bemühungen mit Freude gesehen. Du wirst eines Tages dafür belohnt.

Camillo: Und weshalb nicht jetzt schon? Es täte meiner Seelsorgearbeit gut, wenn einige Leute erfahren würden, daß ihr Pfarrer auch in der Gunst seines Gottes steht.

Jesus: Du stehst in meiner Gunst, Camillo. Deine wahre Demut beweist sich im Verzicht auf äußere Ehrungen.

Camillo: Gut, Herr, wenn das so ist, verzichte ich natürlich darauf. Obwohl Herr Ponti so bescheiden und selbstlos nicht war, wie mir bekannt ist.

Jesus: Camillo, wenn du klein werden willst, verachte nicht die Größe der anderen!

Camillo: Verzeih mir. Ich bin ein großer Sünder, ein ziemlich großer Sünder.

Jesus: Ich habe dir schon verziehen, Camillo. Denk daran, der vollkommen Gleichmütige hält sich weder für einen großen Heiligen noch für einen großen Sünder, sondern für unbedeutend.

Camillo: Nach allem, was du so sagst, Herr, scheint es ein schwieriges Unterfangen, demütig zu sein. Ist es nicht eine Tugend der Alten?

Jesus: Du irrst, Camillo. Schau dir die Kinder an, wie natürlich und genügsam sie sind. Du brauchst nur wie ein Kind zu sein.

Camillo: Das ist schon schwer genug. Ich befürchte, das schaffe ich nicht.

Jesus: Du sollst es ja auch nicht ohne meine Hilfe tun. Sich als klein vor Gott bezeichnen heißt selten, daß man diese Haltung auch verwirklicht; die wahrhaft Demütigen fühlen sich immer als Anfänger.

Camillo: Wenn das so ist, dann gibt es auch für mich noch Chancen.

Jesus: Gewiß, Camillo. Überlaß dich nur mir und bremse ein wenig deine Eigenregie.

Camillo: Ich will es versuchen, Herr.- Aber nenne mir bitte noch ein paar Beispiele für Selbsterniedrigung. Besteht sie darin, sich klein zu machen und das Licht anderer zum Leuchten zu bringen?

Jesus: Ja und nein, Camillo. Mach dich nicht zu klein, sonst meinen die anderen, du wärest sehr groß. Und laß das Licht anderer vor allem dann leuchten, wenn du in Versuchung bist, mit deinem eigenen Licht blenden zu wollen.

Camillo: Du sprichst sehr weise, Herr. Das bewundere ich immer so an dir.

Jesus: Danke für dein Lob, Camillo.

Camillo: Ich wollte, ich könnte auch so weise sein wie du, Herr.

Jesus: Befolge meine Empfehlungen, und du wirst es. Du wirst aber dann mit Ablehnung, Mißverständnis und Spott rechnen müssen.

Camillo: Das, Herr, erlebe ich jetzt schon. Da muß ich nicht erst weise werden.

Jesus: Ich erfahre seit 2000 Jahren Ablehnung, Camillo.

Camillo: Darf ich dich daran erinnern, daß bei dir 1000 Jahre wie ein Tag sind? Bei mir ist das genau umgekehrt, Herr.

Jesus: Ich weiß, wie es dir zumute ist, Camillo. Beachte sie nicht, dann werden sie an dir vorübergehen.

Camillo: Du hast gut reden, Herr. Wie sollte ich all die Verleumdungen und falschen Reden nicht beachten? Du könntest mich ja ein bißchen verteidigen.

Jesus: Schon wieder kein Vertrauen und keine Geduld, Camillo? Aller Kummer dreht sich nur um das Selbst. Ertrage die Widerwärtigkeiten deines Lebens und du wirst frei.

Camillo: Ich will es tun, Herr. Danke für das Gespräch.

Jesus: Gern geschehen.

Camillo: *hantiert nervös in der Kirche herum und hastet dauernd am Tabernakel vorbei, ohne sich Zeit zu nehmen für ein Gespräch mit Jesus.*

Jesus: Don Camillo!

Camillo: *fährt erschrocken auf und blickt zum Kreuz.*

Jesus: Camillo, warum bist du so nervös? Was bedrückt dich?

Camillo: Nichts Herr, es ist nichts.

Er tut, als wenn nichts wäre.

Jesus: Du ärgerst dich über dich selbst, nicht wahr?

Camillo: Wenn du es eh weißt, warum fragst du mich?

Jesus: Weil ich es von dir hören möchte. Was nicht ausgesprochen wird, kann nicht geheilt werden, Camillo.

Camillo: Schon gut, Herr. Ich habe in letzter Zeit viel falsch gemacht. Ich kann es mir nicht verzeihen. Warum passiert mir das dauernd? Und wo warst du, Herr?

Er macht sich an einem Leuchter zu schaffen.

Jesus: Camillo, ruh dich etwas aus und komm zu mir!

Camillo: *geht auf das Kreuz zu, bleibt mit gesenktem Kopf stehen.*

Jesus: Du hast dich mal wieder über Frau Scarlatti geärgert. Ist es nicht so?

Camillo: Ja, Herr. Sie bringt mich zur Weißglut. Sie scheint nichts zu begreifen.

Jesus: Und dann hast du sie beleidigt.

Camillo: Schlimmer noch, ich habe sie rausgeschmissen.

Jesus: Aber du hast dich bei ihr entschuldigt. Und Frau Scarlatti ist nicht nachtragend.

Camillo: Ja, aber ich kann mir selber nicht verzeihen! Es hätte nicht passieren dürfen.

Jesus: Camillo, kann es sein, daß jeder die Dinge, die du getan hast, vergessen hat, außer dir?

Camillo: Vielleicht, Herr.

Jesus: Warum nimmst du deine Sünden so wichtig?

Wenn schon der Gerechte siebenmal am Tag fällt, dann wundere dich nicht, daß du als Priester, der es recht machen will, siebeneinhalbmal fällst.

CAMILLO: Du bist zu gütig, Herr. Wie kann ich das wiedergutmachen, Herr?

JESUS: Warum willst du mit frommen Leistungen etwas verdienen, was ich dir schenke?

CAMILLO: Verzeih. Ich bin ein Trottel!

JESUS: Nicht doch, Camillo. Mach dich nicht schlechter, als du bist. Das besorgen schon andere Leute.

CAMILLO: Es ist wahr, Herr. Ich tue mich schwer, loszulassen, was hinter mir liegt.

JESUS: Dir fehlt es nur an Demut, Camillo. Die Demut nimmt auch geschehene Sünden nicht zu ernst. Sie freut sich an der Vergebung und blickt nach vorne. Wozu, meinst du, kam ich auf die Welt?

CAMILLO: Das frage ich mich manchmal auch, Herr. Du hättest meine Schuld verhindern können.

JESUS: Ja, ich hätte es. Aber dann könntest du im Glauben und in der Demut nicht mehr wachsen.

CAMILLO: O ja, ich muß wachsen. Ich bin ein Nichts, ein Taugenichts.

JESUS: Nun mach dich nicht so klein, Camillo. So groß bist du auch wieder nicht.

CAMILLO: Es ist gut, Herr, daß du mich ein wenig zurechtruckst.

JESUS: Das tue ich nur, weil ich dich liebe, Camillo.

CAMILLO: Ich weiß, Herr. Daher schäme ich mich ja auch so.

JESUS: Es ist alles wieder gut, Camillo. - Geh nun wieder an die Arbeit! Dein Kerzenleuchter wartet auf dich.

CAMILLO: *MACHT SICH ERLEICHTERT WIEDER AN DIE ARBEIT, DIESMAL NICHT MEHR HEKTISCH.*

Danke, Herr.

CAMILLO: Herr, ich mache mir Sorgen wegen einiger Leute in der Gemeinde. Sie sind so entsetzlich fromm und übertreiben. Ausgerechnet von ihnen bekomme ich dauernd Seitenhiebe, wenn ich nicht sage, was sie erwarten.

JESUS: Ich weiß, Camillo. Mir ging es auch nicht besser damals. Es tut weh, wenn es die eigenen Glaubensgeschwister sind, nicht wahr?

CAMILLO: Ist es wahr, daß du keinen Applaus im Gottesdienst willst, daß Jazztrompeten und Gitarren dort nichts zu suchen haben und man nicht laut lachen darf?

JESUS: Nein, Camillo. Ist es zu meiner Ehre, ist es gut.

CAMILLO: Einer hat glatt behauptet, ihm sei Erzbischof Dyba erschienen, um „weltliches Benehmen" anzumahnen.

JESUS: Wenn jemand seine Freude mit Musik und Tanz ausdrückt, freut sich auch der Himmel.

CAMILLO: Ich hatte einmal eine Kniebeuge vergessen, weil ich aufgeregt war. Ein paar sehr ernste Christen haben es mir prompt nach dem Gottesdienst vorgehalten. So was macht mich wütend. Haben die nichts Besseres zu tun?

JESUS: Camillo, du mußt Geduld mit ihnen haben. Sie sind wertvolle Gefäße, die ein bißchen übertreiben.

CAMILLO: Ein bißchen? Herr, hat je die Übertreibung des Guten das Gute besser gemacht?

JESUS: Nicht doch, Camillo. Ich verstehe deinen Unmut. Sie sind besorgt um manche Veränderungen und Verfälschungen in meiner Kirche. Sie mühen sich um die Wahrheit und verlieren dabei manchmal das rechte Maß.

CAMILLO: Gut, Herr. Aber ich verliere das rechte Maß an Verständnis, wenn ich sehe, wie sie denen zusetzen, die etwas liberaler sind. Als ich einmal auf die Altherrenriege im Vatikan hinwies, hat man mich mit einem lieblosfreundlichen Schreiben ausgeladen. Dabei habe ich gar nicht den Papst gemeint, sondern einige seiner Berater.

Jesus: Camillo, ereifere dich nicht so. Attacken, ja sogar Verleumdungen gehören eben zu deinem Dienst.

Camillo: Und statt zu mir gehn sie gleich zur Presse oder zum Bischof und schwärzen mich dort an. Oft anonym.

Jesus: Nein, Camillo, das ist nicht in meinem Sinn. Und ich weiß, wie dir zumute ist. Aber nimm solche Widrigkeiten an und denke daran, wie fromme und gesetzestreue Pharisäer mit mir umgingen.

Camillo: Wenn ich das so sage, werden sie mir vorwerfen, ich hätte mich mit dir verglichen und sei ein Heuchler.

Jesus: Dann laß es! Schweige und bete für sie.

Camillo: Gut, Herr, dann vergib ihnen, denn sie wissen genau, was sie tun.

Jesus: Bist du sicher, daß sie wissen, was sie tun?

Camillo: Nein, Herr. Ich hoffe, sie werden einsehen, wie abschreckend ihre Frömmigkeit manchmal ist und wie wenig erlöst sie auf unsere Jugend wirkt.

Jesus: Camillo, weißt du immer, was du tust und sagst?

Camillo: Nein, Herr. Ich bemühe mich um die Wahrheit. Du weißt, daß ich jeden Tag mehrfach um den Geist der Unterscheidung und Erkenntnis bitte. Trotzdem passieren mir immer wieder Irrtümer.

Jesus: Bravo, Camillo. Irrtümer passieren auf beiden Seiten. Ich liebe jeden Menschen, auch den größten Sünder ... und den frommsten Übertreiber.

Camillo: Gut, dann gehe ich zur Tagesordnung über.

Jesus: Du bist gekränkt, Camillo. Hattest du nicht eben noch deinen frommen Kritikern verziehen?

Camillo: Okay, du hast wieder mal gewonnen, Herr.

Jesus: Camillo, ich liebe dich.

Camillo: Dann zieh mich noch mehr an dein Herz, Herr.

Jesus: Aber sicher doch. Komm, halte dich fest an mir. Und sieh die Dinge aus meiner Sicht.

CAMILLO: Herr, wie kommt es, daß so viele Menschen Angst vor dir haben?
JESUS: Sie kennen mich nicht. Und außerdem haben sie Schuldgefühle.
CAMILLO: Das stimmt, Herr. Viele meinen, du würdest ihre Sünden mit Krankheiten strafen.
JESUS: Ich weiß, Camillo. Das tut mir sehr weh.
CAMILLO: Aber sie müßten doch wissen, daß du ein barmherziger Gott bist.
JESUS: Ja, Camillo; es wurde ihnen zu oft in meinem Namen gedroht. Deshalb verloren sie ihr Vertrauen zu mir.
CAMILLO: Das kenne ich, Herr. Wenn ich einem solchen Menschen begegne, der deinen Namen mißbraucht, werde ich ihm einen Haken versetzen.
JESUS: Nicht doch, Camillo. Wie soll er denn jemals Zutrauen zu mir finden, wenn du als mein Werkzeug auch noch Angst einjagst und die Verirrten zwingst, mich zu lieben?
CAMILLO: Entschuldige, Herr. Ich habe das nicht bedacht.
JESUS: Camillo, ich möchte nicht geliebt werden, wie du willst, sondern wie ich will.
CAMILLO: Aber Herr, viele Menschen sind erkaltet; sie geben vielleicht vor, dich zu suchen. In Wahrheit sind sie froh, wenn sie dich nicht finden, weil sie sonst ihr Leben ändern müßten.
JESUS: Du hast leider recht, Camillo. Doch brauchen gerade sie viel Liebe und Zuwendung. Sage ihnen immer wieder, wie sehr ich auf ihre Umkehr warte und bereit bin, ihnen alle Sünden zu vergeben.
CAMILLO: Ich tue es ja dauernd, Herr. Aber sie sind sehr verhärtet.
JESUS: Viele haben Angst vor mir, weil sie meine Liebe noch nicht genügend erfahren haben. Erzähle ihnen von

deinen Erfahrungen mit mir! Tu es mit Klugheit und erschlage sie nicht mit deiner Stärke.

CAMILLO: Herr, ich bin mir sicher, daß sie in ihrer Suche nach dir alles aufgeben würden, nur nicht ihr falsches Bild von dir.

JESUS: Hast du dir nicht auch ein falsches Bild von ihnen gemacht, das du nicht aufgeben willst, Camillo?

CAMILLO: Vielleicht, Herr. Aber du siehst ja, wie es in der Welt zugeht.

JESUS: Ich bin überall zugegen. Wer mich ehrlich sucht, wird mich finden.

CAMILLO: Du vergißt, daß es einen Ort gibt, an dem du nicht bist: in den menschlichen Herzen.

JESUS: Was du sagst, schmerzt mich sehr, Camillo. Aber ich muß dir leider recht geben: Zu viele Menschen haben in ihren Herzen keinen Platz für mich.

CAMILLO: Was sollen wir tun, Herr? Meine Gottesdienste, Katechesen, Rosenkranzandachten und Anbetungsstunden werden kaum besucht; nur eine Hand voll alter und belächelter Frauen kommt in die Kirche.

JESUS: Ich weiß, Camillo. Doch verlier nicht den Mut! Eine Hand voll Beter vermag mehr auszurichten als ein Heer von Politikern.

CAMILLO: Herr, ich habe Mitleid mit dir. Wie kann ich dir helfen?

JESUS: Indem du deine Arbeit machst, Camillo, und in allem dich fragst, wie ich es wohl machen würde. Und vor allem: Schenke mir täglich etwas von deiner Zeit. Ich freue mich über jedes Lob und über jeden Dank.

CAMILLO: Das werde ich gern tun, Herr.

ER SCHAUT NACHDENKLICH.

JESUS: Nun Camillo, du hast noch etwas auf deinem Herzen?

CAMILLO: Ja, Herr. Ich mache mir Sorgen um die Kirche.

JESUS: Das ehrt dich, mein Freund. Ich versichere dir, sie wird nicht verloren gehen.

CAMILLO: Kannst du nicht ein bißchen mehr nachhelfen? Gewisse Theologen und Journalisten müssen mal zur Rechenschaft gezogen werden. Ich würde ihnen eins übers Ohr ziehen.

JESUS: Mäßige dich, Camillo. Der Tag, an dem alle Rechenschaft abgeben müssen, ist nicht mehr weit. Habe ich nicht darauf hingewiesen, daß man das Unkraut nicht vor der Zeit ausreißen soll?

CAMILLO: Dieses Evangelium hat mich immer geärgert, Herr.

JESUS: Camillo, du sollst säen, nicht ernten.

CAMILLO: Und da wunderst du dich, daß so viele Pfarrer resignieren?

JESUS: Ich habe allen, die mir gefolgt sind, den hundertfachen Lohn versprochen.

CAMILLO: Kannst du nicht schon jetzt ein bißchen Lohn herausrücken?

JESUS: Wer meinetwegen leidet, erhält den Lohn des Friedens. Ich bin bei ihm.

CAMILLO: Deine Worte schmecken wie Kommißbrot, Herr.

JESUS: Deshalb halten sie auch ewig, Camillo.

CAMILLO: Weißt du, was ich so sehr an dir schätze: deinen Humor!

JESUS: Danke, Camillo. - Und vergiß nicht, das Unkraut stehenzulassen.

Camillo: Herr, ist es wahr, daß die Kirche nicht untergeht?

Jesus: Ja, es ist wahr, Camillo.

Camillo: Aber das Schiff schaukelt ganz schön.

Jesus: Hast du Angst, Camillo?

Camillo: Wie sollte ich keine Angst haben; es hat schon ein Leck.

Jesus: Das haben meine Gegner getan.

Camillo: Denen würde ich es zeigen, Herr.

Jesus: Nicht doch, Camillo. Bald müssen sie Rechenschaft ablegen.

Camillo: Wirst du kommen und kurzen Prozeß machen?

Jesus: Ja, ich werde kommen. Die Geduld meines Vaters ist erschöpft. Es ist höchste Zeit für die Menschen, umzukehren. Egoismus und Unglaube haben ein zerstörerisches Maß angenommen, das sie aus eigener Kraft nicht mehr ändern können.

Camillo: Herr, falsche Propheten wiegen die Menschen in Sicherheit. Sie predigen unverbindliche Worte und verschaffen sich damit Sympathien.

Jesus: Höre nicht auf sie, Camillo. Wer meine Worte verfälscht, wird zur Verantwortung gezogen.

Camillo: Herr, so viele Menschen haben deiner Kirche den Rücken gekehrt; sie sind mit manchem nicht einverstanden und wollen nun eine andere Kirche.

Jesus: Ich weiß, Camillo. Es kommt der Tag, an dem sie einsehen werden, daß meine Worte Bestand haben und daß alle, die mir ihre Treue halten, recht behalten.

Camillo: Herr, es heißt, um 2000 herum geschähen seltsame Dinge. Manche sprechen von einer Katastrophe.

Jesus: Camillo, fürchte dich nicht. Wer die Zeichen der Zeit deuten kann, weiß, daß das Ende bereits angebrochen ist. Es ist wahr, es wird eine Läuterung geben.

Camillo: Wird es sehr schlimm sein, Herr?

Jesus: Die Tage werden abgekürzt, Camillo. Wer sich an mich hält, hat nichts zu befürchten.

Camillo: Aber wenn ich in meiner Gemeinde davon spreche, verspotten sie mich. Sie wollen nicht glauben, daß du auch sehr zornig sein kannst. Einige haben sich über dich gesetzt.

Jesus: Manche sind von ihrem Stolz geblendet; andere laufen vor ihrer Angst weg.

Camillo: Aber die Angst kann sie doch zur Umkehr führen, Herr.

Jesus: Ja, das kann sie, Camillo.

Camillo: Dann werde ich ihnen morgen die Hölle heiß machen.

Jesus: Wahrer Eifer wirft nicht mit Bomben, Camillo. Mit Drohungen läßt sich niemand zur Einsicht bringen.

Camillo: Herr, was kann ich tun? Selbst Mitbrüder glauben nicht mehr an dich.

Jesus: Ich habe euch das vorausgesagt. Die Liebe ist erkaltet; so viele lehnen das Kreuz ab und glauben lieber jenen, die im Gewand eines Engels auftreten und meine Worte umdeuten.

Camillo: Herr, wenn das alles geschieht, werden die Menschen dann auch erkennen, daß ich recht habe?

Jesus: Camillo, du schaust noch viel zu sehr auf dich. Aber sie werden es.

Camillo: Fein, Herr. Ihre Gesichter möchte ich dann gerne sehen!

Jesus: Siegeslieder passen nicht für einen heiligen Streiter, Camillo.

Camillo: Verzeihung, Herr; noch eine Frage: Gibt es dann auch wieder mehr Priester und Frieden in der Welt?

Jesus: Ja, Don Camillo. Danach folgt eine Zeit des Friedens und der wahren Frömmigkeit.

CAMILLO: Und unsere protestantischen und orthodoxen Geschwister?

JESUS: Sie werden alle eins sein, Camillo.

CAMILLO: Herr, das sind ja ungeheuerliche Dinge, die man nicht verschweigen kann.

JESUS: Dann sprich darüber, Camillo.

CAMILLO: Ich befürchte, sie werden mich lynchen oder zum Gespött machen.

JESUS: Hast du Angst, Camillo?

CAMILLO: Aber nein, Herr!

JESUS: Wirklich nicht?

CAMILLO: Doch.

JESUS: Fürchte dich nicht, Camillo. Ich bin bei dir. Mach dir kein Sorgen, was du sagen sollst. Mein Geist wird es dir eingeben.

CAMILLO: Das hoffe ich sehr, Herr.

Camillo: Herr, warum heilst du den kleinen Carlo nicht? Seit Monaten beten wir dafür, doch es tut sich nichts. Die Eltern sind verzweifelt.

Jesus: Camillo, ich weiß um die Sorge der Eltern. Sage ihnen, daß die Krankheit des kleinen Carlo verschwinden wird, wenn die Zeit dafür gekommen ist. Es dient allen zum Heil, auch denen, die das nicht verstehen.

Camillo: Aber Herr, sie leiden sehr darunter. Bist du nicht allmächtig und barmherzig?

Jesus: Ich bin es, Camillo. Wenn die Menschen mich beharrlich und gläubig bitten und ihr aufrichtiges Gebet mit Fasten unterstützen, werden sie erhört. Sage ihnen das!

Camillo: Du verlangst viel, Herr. Damals hast du die Kranken sofort geheilt, wenn sie zu dir kamen.

Jesus: Es war eine Zeit der besonderen Gnade, Camillo, Zeichen meiner angebrochenen Herrschaft. Ich habe aber auch damals nicht alle geheilt. Manche Menschen sind dazu berufen, mit ihrem Leid an der Erlösung der Welt mitzuarbeiten. Ich habe schon einmal darauf hingewiesen, daß ich eure Hilfe und Solidarität brauche.

Camillo: Schön, Herr. Jetzt verstehe ich auch, warum du so wenig Freunde hast.

Jesus: Camillo. Wer sein Kreuz trägt und meiner Liebe vertraut, ist bereits geheilt.

Camillo: Wie soll ich das verstehen, Herr?

Jesus: Ihr legt großen Wert auf die körperliche Gesundheit und vergeßt dabei oft eure Seele. Allzu viele Menschen bleiben krank, weil sie meine Gebote nicht leben und in eigener Regie alles machen. Wie sehne ich mich nach ihrer Liebe und Hingabe!

Camillo: Also strafst du doch die Sünder mit Krankheiten?

Jesus: Es sind keine Strafen, Camillo. Für die einen sind es die natürlichen Folgen ihres verkehrten Denkens und Tuns; für die anderen ist es eine Gnade, die sie meist erst später erkennen.

CAMILLO: Du weißt, Herr, daß es Leute gibt, die in teuren Reiki-Kursen die Kunst des Heilens erlernen möchten; was sagst du dazu?

JESUS: Sie werden nicht mehr erreichen als jeder andere, der seine Hände auflegt. Wer mich inständig und reinen Herzens bittet, dem werde ich die Gabe der Heilung schenken. Ich bin traurig, daß so wenig Priester dafür offen sind. Sie sollen es tun und meinen Auftrag wieder ernst nehmen.

CAMILLO: Herr, ich will es sofort tun. Wirst du durch meine Hände heilen?

JESUS: Aber gewiß, Camillo. Vor allem aber bin ich bereit, jedem die Gnade des Glaubens und der Umkehr zu schenken, der mich darum bittet. Und wenn du reinen Herzens bist, werde ich durch dich auch Krankheiten und Gebrechen nehmen. Bleibt einer aber halsstarrig und ist nicht bereit zu Umkehr und Versöhnung, kann ich nicht wirken. Ein solcher Sünder beleidigt mich.

CAMILLO: Ich habe es immer gewußt, daß du großzügig bist, Herr.

JESUS: Und warum hast du mich nie darum gebeten?

CAMILLO: Ich hatte Angst vor dem ausbleibenden Erfolg, Herr.

JESUS: Du hattest also wieder mal kein Vertrauen zu mir?

CAMILLO: Ja, Herr. Ich bitte um Vergebung.

JESUS: Schon geschehen, Camillo.

CAMILLO: Darf ich jetzt um die Heilung des kleinen Carlo bitten? Ich meine, wirst du es tun, wenn ich dich inständig darum bitte, faste und meinen Feinden vergebe?

Jesus: Ich werde es tun, Camillo.

Camillo: Herr, du bist ein Schatz!

Jesus: Danke, Camillo. Und was bin ich für dich, wenn ich einen Kranken nicht heile?

Camillo: Dann bist du für mich wie eine Zitrone. - Aber ich mag Zitronen.

Jesus: Das ehrt mich, Camillo.

CAMILLO: *ZERREISST WÜTEND EINEN BRIEF UND WIRFT DIE PAPIERSCHNITZEL IN DEN PAPIERKORB.*

JESUS: Don Camillo!

CAMILLO: *HÄLT KURZ INNE UND TUT DANN SO, ALS HÄTTE ER NICHTS GEHÖRT.*

JESUS: Don Camillo!

CAMILLO: *MACHT IRGENDEINE NOTIZ AUF EINEM SCHREIBBLOCK.*
Ja, Herr.

JESUS: Ist es so schlimm?

CAMILLO: Was meinst du, Herr?

JESUS: Spiel nicht den Unwissenden! Dein Zorn steht dir ins Gesicht geschrieben.

CAMILLO: Schlimm, Herr? Es stinkt zum Himmel!

JESUS: Nun, ich kann nichts riechen, Camillo.

CAMILLO: Die Herren im Ordinariat meinen wohl, sie könnten sich alles leisten. Findest du das etwa richtig, daß sie mir verbieten, eine Wallfahrt nach Medjugorje zu leiten? Sie sagen, Medjugorje sei nicht anerkannt.

JESUS: Das ist richtig, Camillo. Medjugorje ist noch nicht anerkannt. Aber bald wird es geschehen.

CAMILLO: Siehst du, Herr, und ich mache das alles ja nur im vorauseilenden Gehorsam.

JESUS: Sei nicht so ungeduldig, Camillo. Deine Mitbrüder im Ordinariat halten sich nur an Recht und Ordnung.

CAMILLO: Recht und Ordnung. Daß ich nicht lache! Herr, die haben doch nur Angst vor Wundern.

JESUS: Nicht doch, Camillo. Es mag ja sein, daß sie ein bißchen Angst haben vor dem Außergewöhnlichen. Aber mußt du denn gleich darüber in Zorn geraten?

CAMILLO: Und ich werde die Fahrt machen! Du bist doch auch dafür, oder?

JESUS: Camillo, mit einem Federstrich entheben dich andere der drückenden Last der Verantwortung; du solltest dafür danken.

CAMILLO: Danken? Ich bin nicht einverstanden mit diesem Verbot! Die sollen nur abwarten.

JESUS: Warte nicht mit dem Gehorchen, Camillo, bis du einverstanden bist. Sie tun ihr Bestes.

CAMILLO: Für wen, Herr?

ER GEHT NERVÖS HIN UND HER.

Und wer horcht hier nicht hin? Diese Herren müßten doch wissen, daß sie das Volk nicht bremsen können.

JESUS: Das Volk nicht, Camillo, aber dich.

CAMILLO: Und weshalb bitte? Die wollen mich doch nur unterbuttern.

JESUS: Wenn man dich nur zum Unterbuttern braucht, Camillo, dann bedenke, daß ohne Butter alles anbrennt.

CAMILLO: Na schön, Herr. Die Leitung der Pilgerreise können sie mir ruhig verbieten, die Begleitung nicht. Und sie haben nicht verboten, daß ich mitfahren kann.

JESUS: Gut, Camillo. Bitte Frau Melo, die Leitung zu übernehmen; sie wird ihre Sache sehr gut machen. Und du kannst sie als Priester begleiten. Aber vergiß nicht: Du bist der Diener aller, nicht der Herr. Versprichst du mir das, Camillo?

CAMILLO: Versprochen, Herr. - Und wann sorgst du für die Anerkennung von Medjugorje?

JESUS: Wenn die Zeit dafür reif ist, Camillo. Sind die vielen Gebete und Bekehrungen nicht wichtiger und ein größerer Beitrag zur Ehre Gottes als rechtliche Bestimmungen?

CAMILLO: Du hast recht, Herr. Verzeih, ich bin nun mal ein Hitzkopf. Aber Briefe aus dem Ordinariat machen mich immer wütend. Das haben die so an sich, Herr.

JESUS: Ich weiß, Camillo. Du hast immer noch nicht die alten Verletzungen verziehen, die man dir antat.

CAMILLO: Ich verspreche dir, es bald zu tun.

Jesus: Du weißt, wer mich liebt, tut jede Sache so, als habe er sie nur zu tun, um in den Himmel zu kommen.

Camillo: Das macht die Liebe zu dir ja so schwer, Herr.

Jesus: Ertrage dein Kreuz nicht, Camillo, trage es!

Camillo: Ich will mich bemühen, Herr.

Bevor er weggeht, dreht er sich noch einmal zum Kreuz hin und fragt:

Darf ich deiner Mutter in Medjugorje einen lieben Gruß bestellen?

Jesus: Darfst du, Camillo. Aber sie weiß es schon.

Camillo: Ach ja.

Nachtrag des Autors: Seit 1981 haben sechs Menschen Marienerscheinungen in Medjugorje gehabt. Der Ort in der Herzegowina ist zum größten Gebetsort der Welt geworden. Die Kirche steht dem Phänomen noch abwartend gegenüber.

CAMILLO: KOMMT VON EINEM KRANKENBESUCH UND MUSSTE FESTSTELLEN, DASS WEDER DIE ÄRZTE NOCH ER SELBER MIT GEBETEN EINE SCHNELLE BESSERUNG BEIM PATIENTEN HERBEIFÜHREN KONNTEN. DIE VERWANDTEN SPRECHEN VON DÄMONISCHER BELASTUNG UND BITTEN DON CAMILLO, IM NAMEN GOTTES DEN BÖSEN MÄCHTEN EINHALT ZU GEBIETEN.

Herr, stimmt es, daß Signor Muzzati von Dämonen belastet ist?

JESUS: Ja, Don Camillo. Seine Krankheit ist nur zu heilen mit Gebet und Fasten.

CAMILLO: Aber ich habe schon oft gebetet, Herr. Warum tust du nichts?

JESUS: Ich werde etwas tun. Doch dabei brauche ich deine Hilfe.

CAMILLO: Aber Herr, wie kann ich dir helfen? Und in unserer Ausbildung kam das Thema Dämonen nicht vor. Was soll ich machen?

JESUS: Nun, Camillo, hast du vergessen, daß jeder Priester von mir den Auftrag hat, den höllischen Mächten offen zu widerstehen? Tu es also im Vertrauen auf mich und tu es mit Beharrlichkeit und Autorität.

CAMILLO: Herr, was denken die Leute über mich? Wenn das die Presse erfährt, werden meine Mitbrüder mich völlig für verrückt halten.

JESUS: Ist dir dein Ruf wichtiger als mein Auftrag? Bedenke, Camillo, die Macht Satans ist deshalb in dieser Welt so groß, weil viele Priester und Bischöfe sie leugnen. So bleiben viele Menschen krank und werden von der Kirche im Stich gelassen.

CAMILLO: Aber selbst Theologen und Wissenschaftler halten Satan und sein höllisches Gesindel nicht für real, Herr.

JESUS: Darin besteht ja seine List: ihnen einzuflüstern, es gäbe ihn nicht.

Camillo: Aber Herr, ich bin nicht würdig, diesen Dienst zu tun.

Jesus: Warum immer »aber«, Camillo? Tu es in reinem Glaubensgehorsam! Denn nichts fürchten die Dämonen mehr als einen Priester, der mir gehorcht und nicht auf sein Ansehen schaut.

Camillo: Herr, kannst du das nicht allein machen?

Jesus: Camillo, warum habe ich dich in meinen Dienst gerufen? Ich will gemeinsam mit dir wirken. Ich wünsche von jedem Priester, daß er über jene Menschen beten soll, die in Verzweiflung und Hoffnungslosigkeit geraten sind.

Camillo: Herr, wie ist es möglich, daß die dämonischen Mächte Herrn Muzzati belästigen dürfen?

Jesus: Satan bäumt sich noch einmal auf, bevor er gefesselt wird. Mein Vater hat ihm begrenzten Raum gegeben, die Menschen zu prüfen. Er hat viele Helfershelfer, die im gleichen Maß wachsen, wie der Glaube an die Macht der Dämonen abnimmt.

Camillo: Und wie können sich meine Schäfchen vor diesem reißenden Wolf schützen?

Jesus: Sage ihnen, sie sollen regelmäßig die Sakramente empfangen, fasten und für ihre Feinde beten.

Camillo: Ist es denn nicht so, daß Satan gerade diejenigen attackiert, die dir treu sind?

Jesus: Ja, so ist es. Er greift die an, die ihm gefährlich werden können: meine Getreuen.

Camillo: Dann wird er also auch mich aufs Korn nehmen, Herr?

Jesus: Er wird es versuchen, Camillo.

Camillo: Dann verstehe ich auch, wenn sich meine Mitbrüder vor diesem Dienst drücken.

Jesus: Camillo, sie drücken sich nicht aus Angst vor

dem Satan; die einen verweigern den Dienst aus Angst vor dem Gerede der Leute, die anderen aus Unglauben. Und sehr viele Priester können mit diesem Auftrag nicht umgehen.

CAMILLO: Also gut, Herr. Wenn du es sagst, will ich deiner Bitte nachkommen.

JESUS: Bravo, Camillo! Dann wird Herr Muzzati wieder gesund werden.

CAMILLO: Und die Dämonen kratzen die Kurve, Herr; ich meine, sie verschwinden?

JESUS: So ist es, Camillo.

CAMILLO: Denen werden wir es zeigen, Herr.

JESUS: Du bist ja auf einmal so mutig, Camillo.

CAMILLO: Weshalb nicht, Herr? Du steht doch hinter mir.

JESUS: Und vor dir, Camillo.

CAMILLO: Na, dann werden wir beide jetzt sofort zu Signor Muzzati gehen und beten auf Teufel komm raus.

NACHTRAG DES AUTORS: *In meiner psychotherapeutischen Praxis mache ich oft die Erfahrung dämonischer Störungen bei Patienten. Allein das Gebet vermag ihnen zu helfen. Deshalb schicken immer mehr Ärzte und Psychologen solche Patienten zu mir.*

CAMILLO: Herr, ich lese gerade das Buch eines Theologen, der sich für aufgeschlossen und informiert hält. Er leugnet die Wunder, die du getan hast. Er sagt, das seien alles literarische Überhöhungen, Ausdrücke innerseelischer Vorgänge. Seine Erklärungen sind schwerer zu begreifen als deine Wunder. Was sagst du dazu?

JESUS: Ich kenne das Buch, Camillo. Undenkbarkeit wird für deinen Mitbruder, der es geschrieben hat, zum Merkmal der Wahrheit.

CAMILLO: Er meint, deine Taten seien nicht exakt wissenschaftlich und historisch zu belegen. Er hält nichts von Jungfrauengeburt und Auferstehung.

JESUS: Sein Verständnis von Wissenschaft bleibt auf der meßbaren Ebene stecken, Camillo. Er nimmt einen Teil der Wirklichkeit für das Ganze.

CAMILLO: Und die Wunder in Fatima, in Lourdes? Zählt das alles nichts?

JESUS: Nein, die Klugen dieser Welt richten die Tatsachen nach ihren Theorien, Camillo.

CAMILLO: Und wie kann ich ihnen die Tatsache deiner Wunder beweisen?

JESUS: Wenn sie nicht zu glauben bereit sind, gar nicht. Der tiefere Grund, meine Wunder abzulehnen, liegt darin, mich nur im Überschaubaren und Geregelten finden zu wollen. Viele Theologen deiner Zeit, Camillo, sind dem Irrtum verfallen, die Schöpfung bedürfe keines unmittelbaren göttlichen Eingreifens, weil sie sonst ja nicht vollkommen wäre.

CAMILLO: Aber sie ist doch keineswegs vollkommen, Herr.

JESUS: Richtig, Camillo. Damit sie zum Heil gelangen kann, setze ich meine Zeichen. Sie sollen euch daran erinnern, daß ihr nicht auf euch allein gestellt seid.

CAMILLO: Mich machen solche Bücher zornig, Herr. Das

Volk wird durch sie in die Irre geführt. Einige sind schon dabei, dich ganz abzuschaffen.

JESUS: Sie haben mich in ihrem Herzen schon abgeschafft, Camillo.

CAMILLO: Und du tust nichts dagegen.

JESUS: Ich habe ja dich, Camillo, und die, die meinen Worten und Zeichen glauben.

CAMILLO: Aber Herr, ich bin zu unbedeutend.

JESUS: Gerade den Unbedeutenden und Kleinen offenbare ich mich.

CAMILLO: Und die Argumente fehlen mir, Herr.

JESUS: Glauben ist keine Angelegenheit von Argumenten, Camillo, sondern von Erfahrungen. Sprich von ihnen! Immer wieder.

CAMILLO: Sie werden sagen, ich sei ein Hysteriker oder ein frommer, aber weltfremder Mensch, der noch so naiv ist, an Wunder zu glauben.

JESUS: Ich weiß, Camillo. Der Hochmut derer, die sich für besonders aufgeklärt halten, hat mir von jeher Stiche ins Herz versetzt.

CAMILLO: Herr, laß ein Wunder geschehen, daß sie endlich begreifen, worauf es ankommt!

JESUS: Hast du nicht gerade gesagt, daß sie meinen Zeichen keinen Glauben schenken werden?

CAMILLO: Ich meine ja ein besonders deutliches und unwiderlegbares Zeichen.

JESUS: Das würde immer noch die Bereitschaft zum Glauben voraussetzen, Camillo.

CAMILLO: Herr, ich würde diese ganze Sippschaft in ihrer eigenen Gescheitheit ersticken lassen.

JESUS: Don Camillo, ich habe euch die Freiheit zur Entscheidung geschenkt. Doch sei getrost: der Tag der Offenbarung wird kommen. Dann werden die Menschen mich auf den Wolken kommen sehen mit großer Macht und Herrlichkeit.

CAMILLO: Und du bist sicher, Herr, daß dies nicht irgendein »verobjektivierter Ausdruck innerseelischer Vorgänge« ist? Ich meine, ein »Vorgang, der sich nicht mit einer exakt vorgehenden wissenschaftlichen Methodik ausweisen läßt«, um besagten Theologen zu zitieren.

JESUS: Deine Zunge ist scharf, Camillo.

CAMILLO: Nicht halb so scharf wie das Schwert des Glaubens, Herr.

JESUS: Gut gekontert, Camillo.

CAMILLO: Ohne deine Hilfe, Herr, brächte ich überhaupt nichts zustande.

JESUS: Ich danke dir, Camillo. Du bringst es immer wieder fertig, mir Mut zu machen und mich zu trösten.

CAMILLO: Wirklich, Herr? Das tue ich doch nur, weil ich dich liebe.

JESUS: Ich weiß, Camillo. Ich werde es dir beizeiten hundertfach vergelten.

CAMILLO: Aber Herr, das habe ich wirklich nicht verdient.

JESUS: Deshalb schenke ich es dir auch, Camillo.

CAMILLO: Danke, Herr.

NACHTRAG DES AUTORS: *Ich spiele in diesem Gespräch auf Eugen Drewermann und andere Autoren an, die Wunderberichte für intrapsychische Automatismen halten.*

CAMILLO: Herr, es ist zu dumm. In letzter Zeit gelingen mir die Dinge nicht so, wie ich es mir wünsche.

JESUS: Hast du dir einmal überlegt, woran das liegen könnte, Camillo?

CAMILLO: Es ärgert mich, wenn ich meine Vorstellungen nicht verwirklichen kann. Entweder mache ich meine Arbeit hundertprozentig oder gar nicht. Halbe Sachen mag ich nicht.

JESUS: Ist es nicht viel wichtiger, etwas aus Liebe zu tun, auch dann, wenn es nicht so ausfällt, wie du das willst?

CAMILLO: Herr, auch die Liebe drängt darauf, vollkommen sein zu wollen, oder nicht?

JESUS: Verwechselst du nicht die Vollkommenheit der Liebe mit der Perfektion deines Tuns?

CAMILLO: Du hast recht, Herr. Das habe ich noch zu wenig bedacht.

JESUS: Camillo, konzentriere dich auf meine Wünsche und nicht auf deine persönlichen Idealvorstellungen.

CAMILLO: Ich habe Angst, nicht genügend geachtet und geliebt zu werden, wenn ich Fehler mache, Herr.

JESUS: Aber ich verlange von dir keine Bestleistungen, Camillo; ich liebe dich, wie du bist.

CAMILLO: Du schon, Herr. Aber die Menschen machen ihre Zuneigung von den Leistungen abhängig.

JESUS: Seit wann legst du so großen Wert auf den Applaus der Welt, Camillo? Genügt dir nicht meine Liebe?

CAMILLO: Gewiß, Herr. Aber die Leute schauen auf mich; ich muß schließlich Vorbild sein.

JESUS: Ein Pfarrer ist kein Reklameschild, Camillo, sondern ein Grenzstein.

CAMILLO: Deine Worte trösten mich, Herr. Es ist nämlich sehr anstrengend, immer Höchstleistungen zu bringen. Und es dauert länger.

Jesus: Siehst du, Camillo. Und wenn die Liebe der Menschen von ihren Erfolgen abhängt, schaut es schlecht um sie aus. Wahre Liebe grenzt nicht aus.

Camillo: Aber am Sonntag ist die Nachbarkirche stets voller als meine, Herr.

Jesus: Und deshalb meinst du, noch bessere Predigten halten zu müssen als dein Mitbruder. Warum siehst du in ihm eine Konkurrenz?

Camillo: Herr, Konkurrenz belebt das Geschäft.

Jesus: Du unterschätzt dich, Camillo. Du mußt nicht bei dir als Gramm betrachten, was dein Mitbruder noch als Kilo besitzt.

Camillo: Verzeih, Herr. Ich suchte Bewunderung ...

Jesus: ... und eine volle Kirche.

Camillo: Ist das so schlecht, Herr? Schließlich kommt es ja auch dir zugute.

Jesus: Fein, daß du dabei auch an mich gedacht hast, Camillo. Strategie aber ist die eine Seite, die Wege Gottes die andere.

Camillo: Was willst du mir damit sagen, Herr?

Jesus: Daß du den Heiligen Geist nicht ganz vergessen sollst, Camillo. Wenn du aus eigener Kraft alles recht machen willst, wirst du bald am Ende sein.

Camillo: Du meinst, ich solle nicht alles so sehr verbissen sehen?

Jesus: Ja, Camillo. Ich bin auch noch für dich da.

Camillo: Danke, Herr, daß du auf meinen krummen Zeilen gerade schreibst.

Jesus: Für dich tue ich das doch gern, Camillo.

Camillo: Wenn ich dich also richtig verstanden habe, Herr, wird meine Kirche am Sonntag genauso gut besucht sein, auch wenn die Predigt etwas durchschnittlich ausfällt?

Jesus: Dann hast du mich falsch verstanden, Camillo.

Der Erfolg hängt nicht von Zahlen ab, auch nicht von deiner Begabung.

CAMILLO: Verzeih, Herr. Erst jetzt habe ich begriffen, daß du es bist, der durch mich wirken will.

JESUS: Denke daran, Camillo: Priester sein heißt nicht, alles perfekt tun, sondern es in Liebe tun.

CAMILLO: Herr, ist es wahr, daß der Mensch öfter auf die Erde kommt, um frühere Schuld abzutragen?

JESUS: Nein, Camillo. Ich habe das Karma aller auf mich genommen. Mein Tod und meine Auferstehung haben euch erlöst.

CAMILLO: Wie kommt es denn, daß so viele Christen an die körperliche Wiedergeburt glauben?

JESUS: Sie meinen, das Leid auf der Welt sei eine Folge von Schuld aus einem früheren Leben. Das ist für sie die einzige Erklärung, die in ihre Vernunft paßt.

CAMILLO: Und welche Erklärung ist nun die richtige, Herr?

JESUS: Camillo, wir sprachen schon einmal darüber, erinnerst du dich? Egoismus und Hochmut, Rücksichtslosigkeit und Götzendienste sind die Gründe für das Unheil in der Welt. Darunter leiden auch viele Unschuldige; denn der Mensch ist nicht allein für sich verantwortlich, sondern auch für seine Mitmenschen. Jeder, der sein Leid trägt mit dem Blick auf mein Kreuz, erhält nach seinem Tod den größten Lohn: das ewige Leben.

CAMILLO: Ich verstehe das nicht ganz, Herr. Ist da die Lehre von der Reinkarnation nicht plausibler?

JESUS: Sie kommt vom Menschenverstand, der zu klein ist, meine Liebe zu begreifen. Ich habe dem rechten Schächer an meiner Seite noch am selben Tag das Paradies versprochen. Niemand muß aus eigener Kraft seine Sünden abzahlen. Ich vergebe, sobald ein Wort der Reue kommt.

CAMILLO: Herr, du weißt, daß sich die Menschen an der fehlenden Gerechtigkeit stoßen. Wieso müssen Unschuldige so leiden, während oft die Täter ein Leben in Saus und Braus führen? Wenn ich du wäre, würde ich da mal gewaltig aufräumen.

JESUS: Ihr seht immer nur eure kleine irdische Lebensspanne. Ich versichere dir, daß kein Leid umsonst ist und daß die Gerechtigkeit erst nach dem Tod zur Geltung kommt.

Camillo: Und wie soll ich das meinen Leuten klar machen, Herr?

Jesus: Camillo, im beharrlichen Hören auf mich, im Gebet und im Studium der Heiligen Schrift erfahrt ihr alles, was ihr zum Leben braucht.

Camillo: Herr, die asiatische Religion sieht in der Wiedergeburt eine Hölle, der es zu entrinnen gilt mit vielen Opfern und guten Taten. Hier bei uns drehen sie den Spieß um und sagen, sie sei ein Kreislauf, der auf jeden Fall zur Höherentwicklung führt. So betrachtet, hätten wir dich doch gar nicht gebraucht. Das erledigen wir doch automatisch von selber.

Jesus: Der Mensch vermag sich nicht aus eigener Fähigkeit zu erlösen. Deshalb habe ich freiwillig für euch gelitten und durch meine Auferstehung den Tod überwunden. Wer etwas anderes glaubt, irrt.

Camillo: Aber ihre Vertreter sagen, Johannes der Täufer sei der wiedergeborene Prophet Elias.

Jesus: Irrtum, Camillo. Elias kann nicht wiedergeboren werden, weil er nicht den Tod gekostet hat; er ist mit Roß und Wagen in den Himmel aufgefahren. Hast du nicht das zweite Buch der Könige gelesen?

Camillo: Verzeih, Herr, ich hatte es wieder vergessen. Du weißt ja, wieviel Termine ich um die Ohren habe. Eines läßt mir keine Ruhe, Herr. Mit noch so einsichtigen Argumenten lassen sich die Menschen nicht von ihrem Glauben an die Reinkarnation abbringen.

Jesus: Du darfst nicht vergessen, Camillo, daß diese Menschen in der Lehre von der körperlichen Wiedergeburt eine Erklärung für ihr Leid und somit einen Halt gefunden haben. Sie können meine Auferstehung nicht richtig einordnen.

CAMILLO: Sie bringen es sogar fertig, beides zu verbinden. Ist das nicht die Quadratur des Kreises?

JESUS: So kann man sagen, Camillo. Laß sie; im Tod werden sie die Wahrheit erfahren.

CAMILLO: Also wenn ihnen die Augen zugehen, dann gehen sie ihnen erst richtig auf.

JESUS: Du sagst es, Camillo.

CAMILLO: Danke für das Gespräch, Herr.

JESUS: Aber bitte, Don Camillo. Gern geschehen.

CAMILLO: Herr, es geht mir nicht gut; ich habe niemanden, bei dem ich mich ausruhen und auftanken kann.

JESUS: Du hast doch mich, Camillo.

CAMILLO: Das ist ja ganz schön mit dir, Herr. Aber ich brauche auch irdische Freunde. Darf ich dich daran erinnern, daß auch du Freunde hattest: Lazarus und Johannes.

JESUS: Aber wenn es darauf ankam, war ich immer allein, Camillo.

CAMILLO: Dein Spezi Johannes hat immerhin am Kreuz ausgeharrt, und du hast ihn deiner Mutter anvertraut.

JESUS: Camillo, du bist zum Trösten da, nicht zum Getröstetwerden. Im übrigen gibt es mehr Menschen in deiner Umgebung, die mit dir Freundschaft schließen möchten, als du ahnst.

CAMILLO: Tatsächlich, Herr? Und woran erkenne ich sie?

JESUS: Hast du nicht zwei Ohren und einen Mund? Du sollst doppelt soviel hören als reden, Camillo. Dann wirst du sie entdecken.

CAMILLO: Ich will schließlich nicht jeden, Herr. Und es ist gewiß nicht einfach, mit einem Pfaffen Freundschaft zu schließen.

JESUS: Und welche besonderen Wünsche hast du?

CAMILLO: Herr, ein Freund muß verschwiegen sein, soll zuverlässig und treu sein, sollte intelligent sein und ... Na ja, man muß mit ihm Pferde stehlen können.

JESUS: Hast du nichts vergessen, Camillo?

CAMILLO: Verzeih, Herr, er sollte natürlich auch ein betender Mensch sein.

JESUS: Erfüllst du diese Bedingungen alle auch selber?

CAMILLO: Gewiß, Herr. Ähm, ich meine, ich bemühe mich.

JESUS: Auch das mit dem Pferde stehlen?

CAMILLO: Ach so, das. Na ja, das mußt du nicht wörtlich nehmen, Herr. Hühner täten es auch.

JESUS: Camillo, Camillo. - Ein bißchen Geduld. Ich will sehen, was sich machen läßt.

CAMILLO: TRITT NACH DIESEM GESPRÄCH SEINE REISE NACH MEDJUGORJE AN (VGL. S. 57-60) UND MACHT DORT BEKANNTSCHAFT MIT EINEM PILGER AUS SEINER HEIMAT. IN KÜRZESTER ZEIT FREUNDEN SICH BEIDE AN. CAMILLO MUSS SOFORT AN DAS GESPRÄCH MIT JESUS DENKEN; DENN ER ERKENNT IN DEN GEHÄUFTEN »ZUFÄLLIGKEITEN« DAS WIRKEN GOTTES.
ZU HAUSE ANGEKOMMEN LÄUFT ER IN DIE KIRCHE:
Herr, das hast du wirklich geschickt eingefädelt.
JESUS: Habe ich dir nicht gesagt, du sollst nur etwas Geduld haben, Camillo?
CAMILLO: Hast du, Herr. Ich danke dir für diesen wunderbaren Menschen. Stell dir vor, er hat ganz neu zu dir gefunden und will jetzt ein entschiedener Christ sein.
JESUS: Ich weiß, Camillo. Du sollst ihm dabei helfen.
CAMILLO: Ich ihm helfen? Aber Herr, es ist umgekehrt: In der kurzen Zeit unserer Freundschaft habe ich mehr von ihm gelernt als er von mir.
JESUS: Deshalb habe ich ihn dir ja geschickt, Camillo.
CAMILLO: Ist es denn so schlimm mit mir, Herr?
JESUS: Nun laß nicht gleich den Kopf hängen, Camillo. Gerade Priester können von jüngeren Christen noch viel lernen. Ich will, daß ihr Zeugen meines Glaubens seid.
CAMILLO: Einverstanden, Herr. Ich möchte ihn und seine Freunde dir anvertrauen und dich bitten, gut auf sie aufzupassen; schließlich sind wir ja alle deine Brüder.
JESUS: Damit machst du mir eine große Freude, Camillo. Ich werde auf sie achtgeben wie auf meinen Augapfel.
CAMILLO: Danke, Herr. Verzeih, wenn ich jetzt meinen jungen Freund anrufe. Ich muß ihm das unbedingt sagen.
JESUS: Dann beeil dich, Camillo, es ist schon sehr spät.
CAMILLO: Ich bin schon weg, Herr.

Dr. Jörg Müller, Jg. 1943, ist Pallottinerpater, Priester und Psychotherapeut mit eigener Praxis in Freising bei München. Seine weiteren Erfolgstitel bei Steinkopf sind:

Gott heilt auch dich *ISBN 3-7984-0580-8*
Seelische und körperliche Heilung durch lebendigen Glauben

Hätten Sie's gewußt ? *ISBN 3-7984-0753-3*
100 Antworten auf Glaubensfragen für eilige Zeitgenossen

Höre, was ich *nicht* sage *ISBN 3-7984-0732-0*
Die Aufdeckung unserer verschlüsselten Verhaltensweisen

Ich habe dich gerufen *ISBN 3-7984-0720-7*
Meine Erfahrungen mit Gott

Lebensängste und Begegnung mit Gott *ISBN 3-7984-0614-6*

Nein sagen können *ISBN 3-7984-0640-5*
Verständnis und Missverständnis christlicher Demut

Und heilt alle deine Gebrechen *ISBN 3-7984-0669-3*
Psychotherapie in christlicher Sicht

Verrückt – Ein Christ hat Humor *ISBN 3-7984-0701-0*
16 Kapitel gegen Mutlosigkeit

Zur Unterscheidung der Geister *ISBN 3-7984-0734-7*
Wege zu geistlichem Leben

Florian Huber, geb. 1968, ist freiberuflicher Grafiker. Er wohnt und arbeitet in Thalhausen, nahe Freising.